VIE
CIVILE ET MILITAIRE

DE

LOUIS-PHILIPPE
D'ORLÉANS,

ROI DES FRANÇAIS.

CONTENANT : Ses premières années. — Destruction de la cage de fer, où était enfermé, depuis dix-sept ans, un journaliste. — Glorieuses campagnes du prince à Valmy et à Jemmapes. — Son exil et ses infortunes. — Moyens qu'il a employés pour se soustraire aux persécutions. — Sa réception de professeur de mathématiques en Suisse. — Ses voyages en Laponie et chez les sauvages avec ses frères. — Son mariage. — Son retour en France. — Son avénement au trône.

A PARIS,

CHEZ GAUTHIER, ÉDITEUR, RUE MAZARINE, No 49;
VEZARD, LIBRAIRE, PASSAGE CHOISEUL, No 46.

1830.

LOUIS-PHILIPPE D'ORLÉANS,

ROI DES FRANÇAIS,

Né à Paris, le 6 octobre 1773.

VIE

CIVILE ET MILITAIRE

DE

LOUIS-PHILIPPE D'ORLEANS,

ROI DES FRANÇAIS.

De tous les temps et de tous les siècles, il sera parlé du prodige étonnant, des merveilles qui se sont opérées pour les libertés publiques, pour les droits imprescriptibles de l'honneur ; trois jours seulement ont suffi pour renverser un souverain assez faible pour écouter des ministres perfides et criminels, mais pour nous c'est déjà une vieille histoire : laissons à nos neveux le soin de l'apprécier ainsi que les hauts faits qui l'ont illustrée, et entretenons-nous d'un prince choisi, et nommé unanimement par le peuple, d'un prince qui nous a délivré de l'esclavage, d'un prince, en un mot, qui a si bien mérité d'être le roi des Français, le duc d'Orléans.

Ce fut en 1773, le 6 octobre, que naquit à Paris Louis-Philippe d'Orléans ; ses père et mère furent Louis-Philippe-Joseph duc d'Orléans, dont nous connaissons les malheurs, et Louise-Marie-Adélaïde fille du duc de Penthièvre. Qu'il nous soit permis un moment de rendre hommage aux vertus de ce bon et généreux prince, dont tous les jours de la vie ont été signalés par des bienfaits !

La première éducation de Louis-Philippe fut confiée au chevalier Bonnard, ancien et brave officier d'artillerie, homme d'une excellente instruction, et possédant des qualités essentielles. Louis-Philippe fut d'abord nommé duc de Valois, mais lorsque son père devint duc d'Orléans, il prit le titre de duc de Chartres. et maintenant que ce bon prince est appelé par la volonté nationale à la souveraineté, son fils aîné prend le titre de duc d'Orléans.

Louis-Philippe passa ensuite, en 1782, sous la direction de Mme de Genlis, si connue par son caractère et ses sentimens nobles et généreux ; cette dame sut inspirer à son élève, l'amour de la vertu, ainsi que le goût des sciences et des arts. De bonne heure, c'est-à-dire en 1788, le duc de Chartres, alors âgé de quatorze ans, donna des preuves de son attachement à la liberté, cette liberté qui fixe à jamais notre destinée ! ! Ce jeune prince, visitant le mont Saint-Michel, en *Normandie*, fut instruit qu'un journaliste hollandais était enfermé depuis dix-sept ans dans une cage de fer, ayant dans ses écrits insulté Louis XIV; le jeune duc non seulement ordonna sa liberté, mais encore récompensa son héroïsme, et la cage fut brisée.

Notre jeune prince dès le commencement de la tourmente révolutionnaire, partisan zélé de la vraie liberté, de cette noble et chérie liberté, qui n'engendra jamais la licence, embrassa avec ardeur les doctrines de la révolution qui se préparait ; à cet effet il assistait assidûment aux premières séances législatives.

Lorsque Louis-Philippe apprit que l'Assemblée constituante contraignait les colonels propriétaires de commander eux-mêmes leurs régimens, ou bien de renoncer à la carrière des armes, il s'empressa de prendre le commandement de son régiment de dragons, le 14e alors ; il partit pour *Vendôme*, où le régiment était en garnison, et arriva le 15 juin 1791. C'est dans cette ville que notre jeune prince fit alors connaître ce qu'il devait être un jour, d'abord par son courage et son intrépidité, il sauva des mains d'une multitude effrénée, un homme qu'on allait égorger ; peu après, un malheureux ingénieur dominé par le chagrin, voulant mettre un terme à son existance en se précipitant dans la rivière, fut retiré des flots par notre jeune prince.

Les ordres avaient été donnés à tous les régimens de prêter le serment à la république, sept officiers seulement obéirent à cette injonction : en 1791, Louis-Philippe eut le commandement de *Valenciennes*, comme le plus ancien de la garnison.

La France était en combustion, tous les partis étaient aux prises, nos voisins convoitaient notre belle patrie, il s'agissait alors de conférer les commandemens et nommer des généraux ; le premier fut donné au brave et immortel Lafayette, le second au maréchal Rochambeau, et le troisième à Luckner. C'est à cette époque que Louis-Philippe fit ses premières armes, sous le général Biron, puisque Louis XVI avait déclaré la guerre à l'Autriche, et le

28 avril 1792 il assista aux premiers combats, et se distingua principalement à *Boussu* et à *Quaregnon*.

Notre jeune prince avançait en âge, mais il avançait aussi en talens. Le 7 mai 1792, le comte de Grave, ministre, le promut au grade de maréchal-de-camp, il se trouva le premier à la tête de l'avant-garde qui pénétra dans la ville de Courtray. A la même époque, les étrangers étaient sur le territoire français, le duc de Brunswich commandait 120 mille hommes, nos ennemis étaient supérieurs en nombre de plus du double. A cette époque glorieuse où les armes de la république triomphaient de toutes parts, Louis-Philippe fut élevé au grade de lieutenant-général et appelé au commandement de Strasbourg le 11 septembre 1792; mais, dit le prince aux officiers supérieurs, je suis trop jeune pour rester dans une place, l'armée active est ce qui me convient. Sa demande fut acceptée, il fut mis à la tête de la seconde ligne sous les ordres de Kellermann, qui venait de recevoir du renfort, et dont l'armée se composait déjà de 27 mille hommes. Ce fut le 20 septembre 1792 que Louis-Philippe se battit à Valmy, à la tête des braves de cette seconde ligne; les ennemis s'obstinaient à s'emparer d'un moulin qu'ils regardaient comme une position importante, lui, resta ferme à son poste jusqu'au soir, et força les Prussiens à la retraite.

Quelque temps après le gouvernement lui déféra le commandement des nouvelles levées qui se faisaient alors. Louis-Philippe aurait désiré rester avec Kellermann, mais comme il était remplacé, il s'adjoignit à Dumouriez. L'armée ne cessait de poursuivre les Prussiens, mais elle se divisa en deux colonnes : la première, commandée par Beurnonville, et la seconde par notre héros. Nous devons à la vérité de dire que cette armée, dont nous parlons, était dans le dénûment le plus grand, mais on connaît le Français, rien ne peut abattre son courage.

Le 2 novembre 1792, un engagement eut lieu près le village de *Thulin*.

Le 3, Louis-Philippe, à la tête de sa division, commença l'attaque, emporta de vive force le moulin de *Boussu* et la batterie qui le défendait. Pendant ce temps les Autrichiens fuyaient de toutes parts.

Le 4 et le 5, toute l'armée prit ses positions en face même de l'ennemi, rétranché sur les hauteurs de Jemmapes : notre héros, avec sa division composée de vingt-quatre bataillons, vint bivouaquer en avant du village de *Paturage*.

Le 6 il s'avança vers le bois de *Frénu*, là eut lieu une attaque vigoureuse, et, pour un instant, nos troupes, malgré leur valeur et l'habileté du général, furent obligées de céder à la force de la position ennemie, défendue par des redoutes formidables, dont l'artillerie faisait un tort considérable dans nos rangs. Notre jeune prince, par une admirable présence d'esprit et un sang-froid à toute épreuve, rallie les troupes, leur fait envisager ce qui en résulterait de leur découragement, forme en un seul corps plusieurs bataillons qui s'étaient mêlés ensemble, fait placer les drapeaux au centre, donne l'ordre de battre la charge, et marche de nouveau à la victoire ; nos soldats enhardis par l'exemple de leur jeune général, s'emparent à la baïonnette d'une partie de l'artillerie autrichienne, pénètrent, d'une intrépidité sans exemple, dans les redoutes. Cette brillante action contribua beaucoup au succès de la mémorable journée de Jemmapes. Après avoir rétabli l'ordre dans différens corps de l'armée, l'on se remit à la poursuite des Autrichiens. Le 13 novembre 1792 on se battit à *Auderlecht*, le 19 à *Tirlemont*, le 27 à *Varrax*, et le 28 les Français entrèrent triomphans dans *Liège*, où les troupes prirent alors leur quartier d'hiver.

Peut-être nous accusera-t-on d'avoir relaté tous ces faits avec partialité, notre justification est toute prête, nous en appelons au témoignage des vieux guerriers qui existent encore et qui ont pris part à ces glorieux exploits.

A cette époque, la Convention venait de rendre un décret qui bannissait tous les membres de la famille de Bourbon. Notre jeune prince se trouvait alors à *Tournay*, où, d'après les ordres qu'il avait reçus de son père, il y avait amené sa sœur qui se trouvait comprise dans la loi de l'émigration. Lui-même, par cette mesure, se trouva dans une position pénible : d'abord il voulut se rendre aux États-Unis, mais le décret ayant été révoqué quelques jours après, il reprit du service en février 1793 ; suivons-le maintenant dans toutes les expéditions qui suivirent cette réaction. Ce fut à *Maëstricht* qu'il rejoignit l'armée, commandée par Miranda qui s'apprêtait à faire le siège de cette place, mais on fut obligé de se replier sur *Louvain* et d'évacuer *Aix-la-Chapelle*. Le général Dumouriez, pressé de reprendre l'offensive, accourut en toute hâte, et peu de jours après, livra la bataille de *Nerwinde*. C'est là que Philippe s'acquit une nouvelle gloire et une réputation toute militaire.

Louis-Philippe eut le commandement du centre de l'armée ; l'aile droite reçut l'ordre d'attaquer les villages de *Middelwinde* et de *Nerwinde*. L'on confia au prince le soin de protéger l'attaque ; notre aile gauche devait également attaquer la droite des Autrichiens. Nous nous rendîmes maîtres de *Nerwinde*, bientôt nous fûmes forcés de l'abandonner ; notre héros, semblable au lion terrible, à la tête de seize bataillons, vint l'attaquer de nouveau. Déjà la victoire commençait à lui sourire ; déjà nos phalanges s'avançaient en triomphe. Au moment où les Autrichiens étaient débusqués de leurs positions, les cris de *sauve qui peut* se firent entendre : de jeunes soldats, n'ayant pas encore l'habitude des camps, effrayés des nombreux renforts qui arrivaient à l'ennemi, abandonnèrent l'étendard sacré. Louis-Philippe, conservant toujours le même sang-froid, fit ce qu'il put pour réunir les troupes, mais ce fut inutilement, et, pour la seconde fois, *Nerwinde* fut abandonné. Cependant des soldats plus aguerris continrent les Autrichiens et les empêchèrent de tomber sur les fuyards. Nous devons encore à la vérité que l'ennemi ne sut pas profiter de notre revers, car il aurait pu aisément couper notre retraite. Louis-Philippe dirigea si bien ses opérations, conjointement avec le général Leveneur, qu'il rentra en bon ordre dans *Tirlemont*, et, par des précautions aussi adroites que sages, l'armée française fut préservée des suites fâcheuses qu'aurait pu avoir le succès des Autrichiens.

Il nous reste maintenant à nous entretenir d'une série d'événemens extraordinaires, qui tiennent du prodige ! Evénemens douloureux et pénibles que le prince cependant supporta avec la plus grande résignation et un courage vraiment héroïque ; il est porteur d'un nom illustre, et il est obligé de le cacher ; il est possesseur d'une brillante fortune, on la lui enlève; il est français, il a contribué de toutes ses forces à faire respecter un si beau titre, et il est contraint de s'éloigner de sa patrie; une infâme proscription est dorénavant le prix de ses services. Ce qui ajoute encore à ses infortunes, c'est de traverser un pays où il a mis bien souvent les ennemis en fuite; toujours vainqueur, jamais vaincu, cependant il est fugitif à son tour; en un mot, il est bon fils, bon frère, et il a la douleur d'apprendre l'arrestation de toute sa famille. Nous allons essayer de retracer le plus succinctement possible une partie des maux qui ont accablé l'homme à la fois citoyen et guerrier.

Nous avons laissé le prince à *Tirlemont*. A cette époque, Dumouriez, n'ayant pu réussir dans le projet qu'il avait formé de dissoudre la Convention nationale, fut obligé de s'expatrier. Philippe était un véritable ami de la liberté, mais il détestait la licence; il eut le courage de témoigner son mécontentement, et bientôt tout ce qu'il a fait est oublié. Il est décrété d'arrestation. C'est alors que nous le voyons abandonner cette belle France, pour laquelle il lui avait été si doux de consacrer sa vie entière. Il se rend à *Mons*, où le prince Charles lui propose du service et le grade de lieutenant-général; malgré qu'il n'eût emporté que de faibles ressources, il ne transige pas un moment avec le devoir, et refuse l'archiduc.

Voulant chercher un asile contre la proscription, la Suisse lui paraît l'endroit le plus propice. A cet effet, il part de *Mons* le 12 avril 1793, accompagné seulement d'un aide-de-camp, César Ducrest; arrivé à *Bâle*, il y attendit sa sœur quelques jours; mais elle était à *Schaffhouse*. Comment pourrons-nous maintenant exprimer toutes les angoisses et les vicissitudes de tous genres que Louis-Philippe a dû supporter!

Croira-t-on jamais qu'un si bon prince, le père et l'ami de tous les infortunés, ne put jamais trouver une terre hospitalière pour le recevoir ; et nonobstant toutes ses adversités, il lui restait encore l'inquiétude de sa sœur ; il prend des informations du comte Montjoie, qui venait de la conduire en Suisse, il s'adresse également au général Montesquiou, de l'Assemblée Constituante ; mais ce général éprouvait aussi le même sort, et était allé se fixer à *Bremgarten*, sous un nom supposé. Cet ami fit toutes les démarches nécessaires pour faire recevoir au couvent Mlle d'Orléans et Mme de Genlis ; mais désespéré de ne pouvoir trouver un lieu favorable pour le duc d'Orléans, il n'hésita pas de lui faire part de ce qu'il pensait sur sa position ; voici donc ce qu'il lui dit à ce sujet : » Il n'y a d'autre parti à prendre pour vous » que celui d'errer dans les montagnes, de ne séjour- » ner nulle part, et de supporter toutes les con- » séquences de cette existence affreuse, jusqu'à » l'époque où les véritables patriotes cesseront » d'être persécutés. Lorsque ce jour sera venu, » vous pourrez vous mettre à écrire une Odyssée » sur vos malheurs, elle offrira de l'intérêt. » Ce conseil n'était rien moins que consolant ; néanmoins Louis-Philippe le reçut en vrai philosophe, heureux d'avoir sauvé sa sœur, il le suivit exactement, et se mit à errer ! !

Seul, errant dans les montagnes, et le dirons-nous, à la veille de se trouver dans le besoin, craignant toujours d'être signalé, reconnu et arrêté... Arrêté... est-il possible ! Louis-Philippe, l'un des plus ardens défenseurs de la gloire et de la liberté française, mais arrêtons-nous !.. ce tableau est trop déchirant ! ! ! Détournons la vue de ces scènes de douleur, suivons le prince dans une carrière toute philosophique, et contemplons avec plaisir cette grandeur d'âme, cette noblesse de sentimens qui l'ont toujours si bien caractérisé.

Louis-Philippe mendiera-t-il les secours de l'étranger? Oh! non, non, son âme est trop élevée pour une pareille action, mais les fonds s'épuisent, les besoins vont se faire sentir, quelle alternative!! Sa résolution est bientôt prise, il est né dans l'opulence, il est vrai, mais il aime mieux s'imposer des privations et vivre modestement du fruit de son travail. Le prince a fait d'excellentes études, il peut tirer parti de ses talens; en conséquence il retourne à *Bremgarten*, et engage le général Montesquiou de le faire entrer professeur au collège de *Reichenau*, le général en donne avis au propriétaire de cet établissement, M. *Aloyse-Jost*, son ami, en lui confiant le nom du prince.

Louis-Philippe subit alors l'examen le plus scrupuleux, et tous les chefs à l'unanimité, le reconurent capable, sous tous les rapports, de professer: il fut donc admis pour l'enseignement des différentes branches d'éducation, et pendant huit mois il enseigna l'histoire, la géographie, le français, l'anglais et les mathématiques; cet épisode de sa vie, est sans aucun doute, l'un des plus intéressans. Il n'est pas un Français qui ne se représente sans émotion, un prince juste et magnanime, proscrit, fugitif, contraint d'ensevelir un nom dont la gloire était due à son épée, passant du tumulte des camps à la modeste profession de l'enseignement; la postérité toujours impartiale, retracera son aménité de caractère, cette simplicité de mœurs qui lui valurent, à *Reichenau*, l'estime de ses collègues, et l'amitié de ses jeunes élèves; nous parlons de *Reichenau*, dirons-nous que c'est là où ce bon prince, ce bon fils apprit la plus cruelle catastrophe, catastrophe terrible, mais arrêtons nous!!!

Un mouvement politique venait de s'opérer chez les Grisons. Mlle d'Orléans avait quitté le couvent de *Bremgarten*, et s'était rendue auprès de la comtesse de Conti; cette tendre sœur ne recevait plus de nouvelles de son frère : le prince professeur apprit avec satisfaction, que M. de Montesquiou lui offrait un asile, il se rendit auprès de lui, et devint aide-de-camp sous le nom de Corby, jusqu'à la fin de 1794. Sa retraite commençant à se découvrir, il se décida de quitter la *Suisse*. Mais où aller? toute l'Europe était armée; allons en *Amérique* dit-il : effectivement, en 1795 il partit pour *Hambourg*, où il espérait recevoir l'argent nécessaire pour la traversée, mais son attente fut trompée. Alors faute de ressources pécuniaires, il abandonna son projet, et se dirigea vers le nord de l'Europe, espérant d'être à l'abri des persécutions de ses ennemis. Louis-Philippe, arrivé à *Copenhague*, obtint un passe-port par l'entremise d'un banquier auquel il avait été recommandé comme voyageur suisse. Le prince profita de cet avantage pour venir à *Elseneur*, de là il passa le *Sund*, se rendit en *Suède*, visita *Elsimbourg* et *Gotembourg*, puis après remonta le lac *Vener*, prit la route de *Norwège*, longea la côte de *Norwège* jusqu'au golfe de *Salten*, et visita le *Mahlstrom* à travers mille dangers. Il parcourut ensuite, toujours sans être connu, la crête des montagnes avec les Lapons, jusqu'au golfe de *Tyr*. Il était au Cap Nord le 24 août 1795, il s'y arrêta quelques jours à dix-huit degrés du pôle, et retourna à *Vorneo* par la *Laponie*; il était accompagné du comte Gustave-Montjoie.

L'on doit penser que l'intrépide voyageur ne manqua pas de mettre à profit ses excursions; il se dirigea vers la *Finlande*, afin d'y étudier avec soin le théâtre de la dernière guerre entre les Russes et les Suédois. Il s'avança jusqu'au *Kymène*, mais il ne jugea pas à propos de passer cette limite. Il traversa les îles d'*Aland*, et se rendit à *Stockholm*; en quittant cette dernière ville, il alla voir les mines de *Darlecarlie*, et voulut se reposer à *Mora*, dans la même ferme où Gustave-Vasa, proscrit comme lui, avait reçu l'hospitalité; il visita ensuite l'arsénal de *Carlscrona*, repassa le *Sund* et revint à *Hambourg*. En 1796, au mois d'août de la même année, il était dans le duché de *Holstein*, lorsqu'il reçut une lettre de la duchesse sa mère; cette bonne mère priait son fils de quitter l'Europe et de passer en *Amérique* « que la perspective de soula-
» ger les maux de ta pauvre mère, écrivait-elle,
» de rendre la situation des tiens moins pénible, de
» contribuer à assurer le calme à ton pays, exalte
» ta générosité. » Louis-Philippe répondit de suite à sa mère dans les termes les plus respectueux et les plus touchans : « quand ma tendre mère, disait-
» il, recevra cette lettre, ses ordres seront exécutés,
» et je serai parti pour l'*Amérique*, je m'embar-
» querai sur le premier bâtiment qui fera voile

» pour les *Etats-Unis...* Et que ne ferais-je pas
» après la lettre que je viens de recevoir ? Je ne
» crois plus que le bonheur soit perdu pour moi
» sans ressource, puisque j'ai encore un moyen
» d'adoucir les maux d'une mère si chérie, dont
» la position et les souffrances m'ont déchiré le
» cœur depuis si long-temps ».....

Le 24 septembre 1796, le prince s'embarqua
pour *Philadelphie*, où il arriva le 21 octobre,
après avoir eu le bonheur d'embrasser ses deux
frères, et les engagea de visiter avec lui l'inté-
rieur des *Etats-Unis*. A cet effet, ils se diri-
gèrent d'abord vers *Baltimore*, passèrent ensuite
dans la *Virginie*, et vinrent à *Mount-Vernon*,
où le président Washington leur fit l'accueil le
plus flatteur Les trois frères visitèrent tout le
pays avec le plus grand soin; ni les fatigues, ni
les privations, ni les dangers ne purent les dé-
tourner de leur projet. C'est alors qu'ils traversè-
rent des régions sauvages et presque inhabitées,
des forêts immenses, de vastes plaines couvertes
d'herbages, qu'on appelle les Savanes. A peine
étaient-ils retournés à *Philadelphie*, que la fièvre
jaune se manifesta dans cette ville; Louis-Philippe
et ses frères furent presqu'exposés, faute d'argent,
aux ravages de ce terrible fléau : cependant quelques mois après ils abandonnèrent ce dangereux
séjour. Arrivés à *Boston*, ils y apprirent la dé-
portation de leur mère; alors ayant su qu'elle
était en *Espagne*, ils résolurent d'aller la rejoin-
dre; mais une circonstance imprévue s'opposa à
leurs projets. L'*Angleterre* était en guerre avec
l'*Espagne*. Ayant réfléchi que la *Louisiane* appar-
tenait encore à l'*Espagne*, ils prirent le parti

de s'y rendre, et passer ensuite à la *Havane*, où ils pourraient trouver quelque vaisseau de guerre espagnol.

En décembre 1797 ils quittèrent *Philadelphie*, et en février 1798 ils arrivèrent à la *Nouvelle-Orléans*. Ils s'embarquèrent sur un bâtiment américain qui fut capturé par une frégate anglaise; le prince s'étant nommé, le capitaine donna les ordres pour les transporter à la *Havane*, où ils arrivèrent de nouveau au mois de mars. Depuis long-temps Louis-Philippe avait conçu l'espoir de s'établir dans ce pays avec ses frères, mais le cabinet de *Madrid* s'y opposa; par cette injustice ils devinrent encore errans. Peu après le gouverneur reçut l'ordre de les faire partir pour la *Nouvelle-Orléans*, sans leur assurer aucun moyen de subsister; indignés d'un tel procédé, ils refusèrent d'obéir à un ordre aussi injuste et pensèrent à l'*Angleterre*; d'abord ils se firent transporter par un parlementaire espagnol aux îles anglaises de *Bahamas*; ils vinrent ensuite à *Halifax* où le duc de Kent les reçut favorablement, mais il leur refusa la permission de passer en *Angleterre*. Ils ne se découragèrent point, et s'embarquèrent sur un petit bâtiment qui les conduisit à *New-Yorck*, d'où un paquebot anglais les transporta à *Falmouth*, et en 1800, ils étaient à *Londres*.

Louis-Philippe ressentait de plus en plus le pressant besoin de revoir sa mère; il obtint permission de s'embarquer, et une frégate anglaise le conduisit à *Minorque*. A cette époque cette île devait être le point de ralliement de l'armée de Condé avec l'armée anglaise. Des propositions furent faites au prince de se joindre aux émigrés; mais, Français avant tout, il répondit énergiquement : « Il n'y a

» pas de sacrifice qui m'ait coûté pour la patrie, et
» tant que je vivrai, il n'y en a point que je ne sois
» prêt à lui faire. Ainsi, jugez, disait-il, si je puis
» accepter vos offres. » Ses frères applaudirent à ce
noble refus. Nous avons dit plus haut qu'ils désiraient
ardemment revoir leur mère; mais cette douceur
leur fut encore refusée, la guerre entre la *Grande-
Bretagne* et l'*Espagne* en fut la principale cause.
En 1807, notre héros eut la douleur de perdre le duc
de Montpensier, son frère, qui mourut d'une mala-
die de poitrine; et l'année suivante, il perdit son
autre frère, le comte de Beaujolais. Alors il se retira
à *Palerme* auprès de Ferdinand IV, roi de Sicile,
qui le reçut très-amicalement, et lui fit même entre-
voir le désir qu'il avait de l'unir un jour à sa fille.
L'espoir de revoir sa mère ayant encore une fois été
déçu, il revint à *Palerme*, où l'on décida son union
avec la princesse Amélie; mais voulant que la duchesse d'Orléans, sa mère, assistât à son mariage, il
se dirigea avec sa sœur vers *Mahon;* et, après seize
années de séparation, il eut enfin la consolation
d'embrasser cette tendre mère, consolation bien
douce pour un fils aimant, comme l'était le duc
d'Orléans.

Un navire anglais, arrivé à *Palerme* le 23 avril
1814, apporta la nouvelle de la déchéance de Napoléon et le règne des Bourbons. Impatient de revoir sa
patrie, il partit aussitôt pour Paris, et il y arriva le
15 mai, après un exil aussi long que cruel! Mais une
nouvelle secousse vint encore troubler cette tranquil-
lité: Napoléon revint en France. Du moment que l'on
sut qu'il était impossible de s'opposer à son entrée
dans Lyon, le premier soin du prince fut de faire
partir la princesse son épouse et ses enfans pour

l'*Angleterre*, sa sœur resta seulement dans la capitale.

A l'époque de la seconde restauration, il revint à Paris vers la fin de juillet; ce fut avec la plus grande satisfaction que les Français revirent un homme dont la conduite avait été si honorable dans la séance de la Chambre des Pairs, du 13 octobre. Ayant eu assez de force pour dire la vérité, Louis-Philippe fut forcé d'abandonner encore le pays dont il venait de plaider la cause avec tant de courage, et un exil de dix-huit mois fut la récompense de son patriotisme. Cependant en 1817 l'ordre fut révoqué, et on voulut bien permettre qu'il revînt en France, mais on lui refusa l'autorisation de siéger à la Chambre des Pairs : alors il se livra tout entier aux occupations de la vie privée. Nous l'avons tous vu donner l'exemple le plus éclatant des bonnes mœurs, donner à ses enfans l'éducation la plus populaire, les faire instruire comme les nôtres, protéger les lettres, favoriser le commerce, soulager de tout son pouvoir l'infortuné, et réparer une foule d'injustices en recueillant les hommes honorables qu'un pouvoir ombrageux avait éloignés.

Les immortelles journées des 27, 28 et 29 juillet ont été l'objet de sa plus vive sollicitude; nous l'avons appelé, il s'est rendu à nos vœux. et que pouvait de plus désirer la France? quel prince convenait mieux qu'un roi citoyen; au moins il ne gouvernera que d'après les lois, et désormais l'oppression ne pèsera plus sur le peuple. Louis-Philippe a voulu déclarer solennellement, en présence des délégués du peuple, de ses représentans, que, dans l'intérêt de la nation dont il avait toujours été le plus zélé défenseur, il acceptait l'honneur de com-

mander à des braves et de réparer toutes les injustices qu'on avait pu commettre. En conséquence, les
deux Chambres assemblées dans le lieu de leurs
séances, Louis-Philippe a promis et juré de ne gou-
verner que d'après la Charte et les lois.

Le duc d'Orléans, qui a été en butte à toutes
sortes d'adversités, connaîtra les besoins de son
peuple, veillera constamment à sa sûreté et à sa con-
servation; enfin, par sa haute sagesse, ce grand
prince saura pour toujours assurer le bonheur et la
prospérité de cette belle France que certains indivi-
dus voulaient asservir, et dont le but tendait au
pouvoir absolu. Ecrions-nous, d'un commun accord,
que Louis-Philippe a sauvé la France.

Rallions-nous donc autour de ce prince que la
France entière vient d'élever sur le pavois. Honnête
homme, il ne violera pas ses sermens; vieux soldat
de Jemmapes, il aimera les braves; roi citoyen, il
réparera tous les maux de la patrie. Ainsi, Français,
sous l'égide d'un tel prince, notre avenir est désormais assuré; mais n'oublions pas que l'union, l'u-
nion seule fera notre force.

IMPRIMERIE LE NORMANT FILS, RUE DE SEINE, N° 8.